सीख

सीख

रजनी भंडारी

विद्या विहार, नई दिल्ली

प्रकाशक : विद्या विहार
19, संत विहार (पहली मंजिल) गली नं. 2, अंसारी रोड, नई दिल्ली–110002
 / संस्करण : प्रथम, 2022 / मूल्य : दो सौ पचास रुपए
मुद्रक : आर–टेक ऑफसेट प्रिंटर्स, दिल्ली चित्रांकन–संतोष मिश्र

SEEKH *Poems* by Smt. Rajni Bhandari ₹ 250.00
Published by **VIDYA VIHAR**
19, Sant Vihar (First Floor), Street No.2, Ansari Road, New Delhi-110002
ISBN 978-93-93113-27-6

शिल्पा, शुभ्रा और प्रदीप
को समर्पित

अनुभवजन्य संवेदना की काव्यात्मक अभिव्यक्ति

श्रीमती रजनी भंडारी का यह प्रथम काव्य-संग्रह है। इसमें तक़रीबन 80 कविताएँ हैं, जो विभिन्न समय में लिखी गई हैं। प्रथम संग्रह होने के साथ उसमें संवेदनाओं को अभिव्यक्त किया गया है, जो प्रशंसनीय है। संवेदनाओं एवं भावनाओं के अनुरूप शब्द-चयन लेखिका की परिपक्वता का परिचायक है। इस पुस्तक में ज़िंदगी, उनके रिश्तों, स्व-भावनाओं पर उनकी प्रतिक्रिया कविता-शैली में प्रस्तुत की है, जो उनके संवेदनशील नारी होने का अहसास कराती है और कविताओं में मातृत्व का स्पर्श करती है। हर रिश्ता, हर परिचय, हर एक को कोई-न-कोई सीख दे जाता है। सीख एक प्रकार की शिक्षा है। प्रबुद्धजन अपने आप ही दूसरों के व्यवहार और बातचीत के ढंग से सीख अर्थात् शिक्षा ग्रहण करते हैं। मन में उपजी भावनाएँ, व्यवहार और सोच भी कहीं-न-कहीं सीख देती हैं।

'नारी तू नारायणी है नारी' की भावना और ईश्वर-प्रदत्त सद्गुणों अर्थात् स्नेह, ममता, वात्सल्य, त्याग, माया-मोह आदि को रजनी जी ने लेखिका की वाणी दी है। रजनी जी नारी होने के साथ ही कवयित्री होने से इन ईश्वरी सद्गुणों को काव्य वाणी देने में सफल हुई हैं। इसके साथ ही नारी के विवाह पूर्व एवं विवाह के बाद निर्मित रिश्तों का भी भावुक वर्णन कवयित्री ने किया है, क्यों कि इन रिश्तों का प्रभाव हर नारी पर पड़ता है, उसे रजनी जी ने रेखांकित भी किया है। जिसकी बानगी उनकी कविताओं—मनोदशा, अकेले, मेरा मन, याद आदि में देखी जा सकती है। जब वह लिखती हैं—'हमारी ज़िंदगी हमारी

थी ही कब'—इस इकलौती पंक्ति में नारी-मन की समस्त भावनाएँ समाहित होती सी प्रतीत होती हैं।

इसमें कोई संदेह नहीं 'सीख' कविता-संग्रह रजनी जी का पहला भावनात्मक दस्तावेज है, जिसमें नारी मन की प्रतिक्रिया जीवन के हर पहलू के प्रति व्यक्त की गई है, जो आने वाले काव्य-संग्रहों की दिशा और निर्देश भी सांकेतिक करती है। कवयित्री की कविताएँ नए परिवेश, नए शब्द-प्रयोग और उपमाएँ तो नए आयाम प्रस्तुत करती ही हैं, साथ ही यह भी दर्शाती है कि बीसवीं सदी की कविताओं से अलग परिवेश में इक्कीसवीं सदी की कविताओं ने पहला और सशक्त कदम रखा है।

शुभकामनाओं सहित

(शरद पगारे)
सुमन कुंज
1 10, स्नेह नगर नवलखा,
इंदौर-452001
0731-2467561, 9406857388

समाज-सेवा से लेखन तक की यात्रा

चाही-अनचाही घटनाओं का खेल है ज़िंदगी। कभी-कभी ऐसा कुछ हो जाता है, जिसकी परिकल्पना भी आपने नहीं की होती। 'सीख' मेरा पहला कविता-संग्रह प्रकाशित होना भी मेरी ज़िंदगी की एक ऐसी ही सुखद घटना है। कभी सोचा ही नहीं था कविता-संग्रह भी प्रकाशित होगा और वह भी एक बड़े प्रकाशक द्वारा। हालाँकि लिखती रही हूँ, या यों कहें कि अपनी भावनाओं को शब्दों में अभिव्यक्त करने की कला ईश्वर द्वारा मुझे दी गई है तो गलत नहीं होगा। कभी-कभी आपदा भी आपको अवसर दे जाती है। कोरोना भी मेरे लिए एक बड़ा अवसर बना, कारण, इतना अधिक समय कभी घर पर बैठी नहीं मैं, सामाजिक कार्यों के कारण घर के बाहर की गतिविधियों में अधिक समय देती रही हूँ, परंतु जब कोरोना ने सबको घर में क़ैद कर दिया था तो समय मानो कटता ही नहीं था।

कभी-कभी यह ख़याल आता है कि कोरोना न होता तो क्या होता—न मैं कलम उठाती, न मैं काग़ज़ तलाशती और न मैं बनाती आपदा को अवसर; और फिर यह सिलसिला शुरू हुआ लिखने का। यहाँ मैं एक और बात का ज़िक्र करना चाहूँगी, सोशल मीडिया और मोबाईल भी काफ़ी हद तक मुझे कवयित्री बनाने और लेखन की ओर प्रेरित करने के लिए ज़िम्मेदार हैं। जितना भी लिखा मोबाइल पर टाइप करके अपने फेसबुक पेज़ पर लिखा। जो भी लिखा, उस पर रिएक्शन आने लगे, कमेंट होने लगे और लाइक्स भी आने लगे। आखिर मैं हूँ तो एक संवेदनशील महिला ही, तारीफ़ों ने प्रोत्साहित किया, ढेर सारे समय ने अवसर दिया और मैं रोज एक, कभी दो-दो कविताएँ लिखने लगी। इस कविता-संग्रह में जितनी भी कविताएँ हैं, सभी मैंने अप्रैल 2020 से नवंबर 2021 के बीच ही लिखी हैं। एक विशेष

बात, सारी-की-सारी कविताएँ या तो सवेरे-सवेरे लिखी गई हैं—मेरे मॉर्निंग़ वॉक से आने के बाद, या फिर रात को सोने से पहले, क्योंकि मेरा दिमाग़ सिर्फ़ इन दोनों वक़्त ही चलता है। मेरी सोच यह कहती है कि जब दिमाग़ चलता है, लेखनी भी चला दीजिए, अन्यथा विचार मिट जाते हैं, हम भूल जाते हैं कि हमने क्या सोचा। शब्दों की उम्र सबसे ज़्यादा होती है, यह ताउम्र चिरकाल तक जीवित रहते हैं, परंतु विचारों की उम्र सबसे कम होती है, ये क्षणिक ही ज़िंदा रहते हैं। अतः जब तक विचार ज़िंदा है, उसे शब्दों का रूप दे देना चाहिए और यही मैंने किया। सारा दिन घर में बैठे रहना, न कहीं आना, न कहीं जाना, और जब यही जीवन-चक्र बन गया तो एक दिन जैसे ही मैंने सोचा कि अरे! कितने दिनों से मैंने साड़ी तो पहनी ही नहीं। और मैंने कविता लिखी आँसू दिनांक 15.9.2020 को, फिर उसी की अगली कड़ी 'चुप्पी' लिखी 15.9.2021 को। रोज सेवेरे दो कप चाय अगर न मिले तो मेरा दिन नहीं निकलता, एक मॉर्निंग़ वॉक़ से पहले, दूसरी उसके बाद, और इसी से प्रेरित होकर कविता बनी 'चाय सी ज़िंदगी'।

मेरी लिखी गई सारी कविताएँ मेरी अंतरात्मा से निकली आवाज़ें हैं, ये सभी पंक्तियाँ मेरा जीवन अनुभव है, जो मैंने जिया या मैं जीना चाहती थी, और जो मैं जी रही हूँ। जो भी मैंने रोज़मर्रा के जीवन में देखा, जिस भी घटना ने मुझे सोचने पर मजबूर किया, जब भी मैं परेशान हुई, जब भी मैं उदास हुई, मैंने लिख दिया और वह कविता बन गई। 'अपनी ख़ुशी', 'पता नहीं क्यों', 'चलते रहिए', 'वक़्त', 'सुकून', 'हमारी ज़िंदगी' आदि मेरी कुछ प्रिय कविताएँ हैं, जिनको लिखकर मैं आत्म-संतोष से भर उठी थी।

'सीख' अपने मूर्तरूप में कैसे आई, इसके पीछे भी मेरे तीनों बच्चे ही हैं। मैंने समाज-सेवा में जो भी मुकाम हासिल किया, उसके परिप्रेक्ष्य में मेरे तीनों बच्चों द्वारा दिया गया प्रोत्साहन ही है, तभी मैं इतने अधिक वर्षों तक कार्य कर पाई और कर रही हूँ। जब भी कोई कविता पोस्ट की, बड़ी बेटी शिल्पा बोली—मम्मी, आप बहुत अच्छा लिखते हो, हम आपकी पुस्तक छपवाएँगे। तभी छोटी बेटी शुभ्रा ने कहा—मम्मी, आपकी बुक को भी आना ही चाहिए।

इन दोनों बेटियों की बातों ने मेरे मन में डाल दिया कि मेरी भी पुस्तक आएगी और 'सीख' बन गई, 'सीख' छप गई, और मुझे दे गई 'सीख'। मेरा बेटा प्रदीप भी मेरा संबल बना 'सीख' को मूर्त रूप देने में।

धन्यवाद शिल्पा, शुभ्रा और प्रदीप! विशेष धन्यवाद देना चाहूँगी परम आदरणीय शरद पगारे जी को, जो हमारे मध्यप्रदेश के पहले वरिष्ठ साहित्यकार हैं, जिन्हें के.के. बिरला फाउंडेशन, नई दिल्ली का प्रतिष्ठित 'व्यास सम्मान' वर्ष 2020 मिला है। शरद पगारे जी ने मेरे प्रथम काव्य-संग्रह 'सीख' की प्रस्तावना लिखकर 'सीख' के साहित्यिक मूल्य की बढ़ोतरी तो कर ही दी, मेरा मनोबल भी बढ़ाया। पगारेजी जैसे वरिष्ठ साहित्यकार का नाम मेरी पुस्तक में आना, मेरे अनसोचे, अनदेखे सपने साकार होने जैसा ही है। धन्यवाद और साधुवाद शरद पगारे जी! अंत में परमपिता परमेश्वर के श्रीचरणों में नमन करते हुए प्रत्यक्ष और अप्रत्यक्ष, सभी सहयोगियों को हृदय की अंतरिम गहराइयों से धन्यवाद करते हुए अपनी बात समाप्त करती हूँ।

(डॉ. रजनी भंडारी)

38 अशोक नगर, टावर चौराहा

इंदौर

दूरभाष : 0731-2991237

अनुक्रम

सीख

आज और अभी

बहुत दिनों से कुछ लिखा नहीं
क्या लिखूँ—गीत या ग़ज़ल
या आपबीती, दोनों का मिश्रण

जीवन आज गीत है दुःख का
तो कल ग़ज़ल होगी नशीली
तो परसों न सुलझने वाली पहेली

आज मैं हूँ, कल भी मैं ही हूँगी और कल भी मैं ही थी
बस सोच और नज़र बदलेगी
कभी मेरी कभी ज़िंदगी की

और नया दिन होगा ही
सूरज निकलेगा ही
लाल और तेज़ गरम

मेरे सपने भी जवान होंगे और ज़िंदगी हसीन
पता नहीं क्या होगा और कौन होगा साथ

पर होगा उतना ही जितना लिखा है
वक़्त मुक़र्रर है वक़्त ही तो है
आप और हम सब बौने हैं
वक़्त और वक़्त के आगे।

□

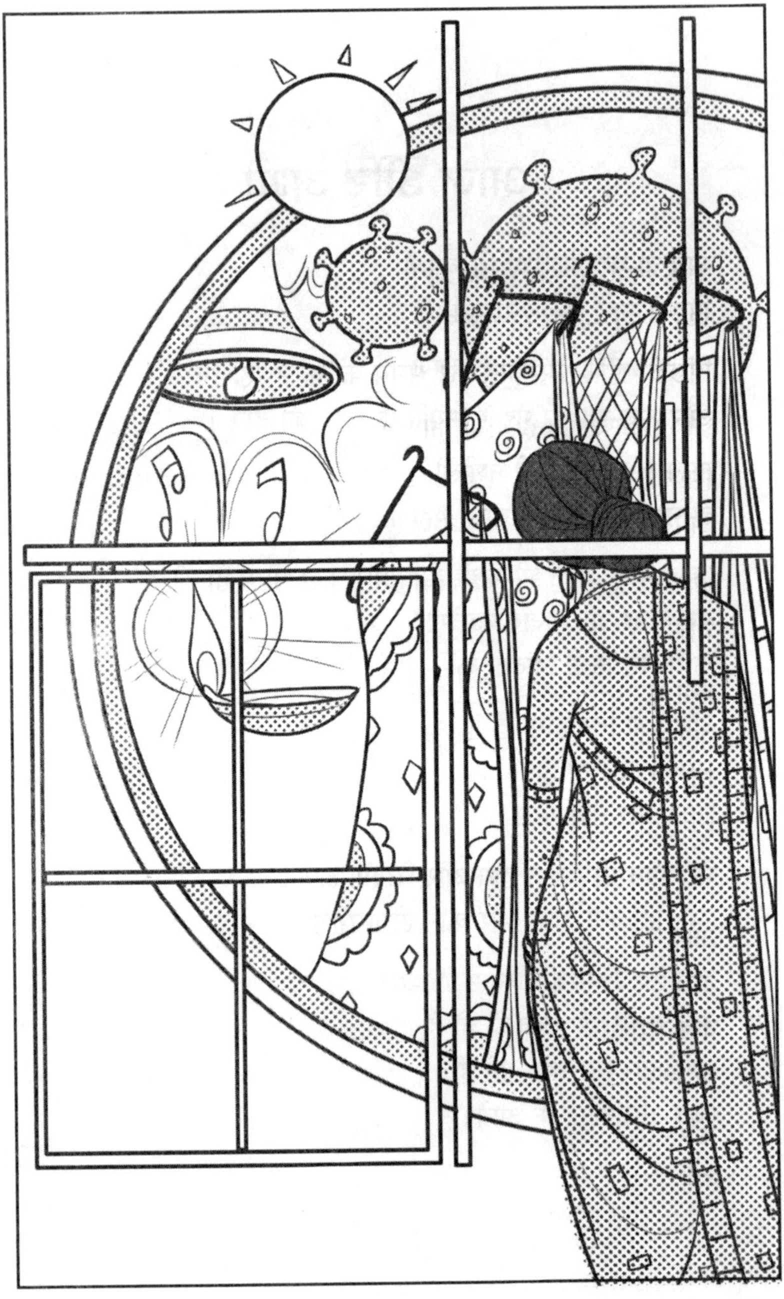

चुप्पी

अब तो मेरी साड़ियाँ भी चुप हैं
पिछले मार्च में वह रो रही थीं

पिछले महीने फुसफुसा कर समय को कोस रही थीं
और अब चुप हो गई है नियति के खेल को देख

सिर्फ़ दुःखी हो रही हैं और दुःख के जाने की दुआ कर रही हैं
अपने हाथ और उनके हाथ में कुछ नहीं है

बस बेबसी का अहसास और अपना आप ही अपना है
बाकी तो सब सपना सा ही लगने लगा है

क्या सपने देखना भी छोड़ दें और आशा को भी छोड़ दें
नहीं नहीं ये दोनों ही तो अपने हैं अचानक लाल साड़ी बोली
मैंने तो आज ही सबेरे सपना देखा और मैं जाग उठी
दूर जलता हुआ दिया और मंदिर के घंटो की आवाज़ सुन
मेरी सोच बदल गई, उदासी हवा हो गई

और मैं पुनः खिल उठी, अपनी सहेली से कहने लगी
अरी उठ गुलाबों कब तक सोएगी और रोएगी
देख सूरज की लालिमा फैलने लगी है
अंधकार छुपने लगा है, मौसम बदलने लगा है

कोरोना भी भाग जाने की तैयारी में लगा है
इसी उम्मीद में, मेरी लाल और गुलाबी साड़ी।

□

अपनी ख़ुशी

अपनी ख़ुशी तलाशती मैं
कभी बंद आलमारी और बंद दरवाज़ों में

कभी खुली खिड़कियों में तो कभी यादों के झरोखों में
कभी गैस पर चढ़े कुकर में
तो कभी भगोने में उबलती खीर में

कभी सड़क से आती कार की आवाज़ में तो कभी सड़क पर चलती हवा में
कभी बजती डोर बेल में तो कभी सुनाई आती आरती में

कभी नल से टपकते पानी में तो कभी भरे मटके में
कभी सन्नाटे को चीरती सब्ज़ी वाले की आवाज़ में

कभी सोचती सी मैं जाने कहाँ गए वे दिन
वापस उनके लौटने की आशा में
और समेटी हुई अपनी अभिलाषा में
बटोरी गई हिम्मत और समेटी गई उम्मीद में।

□

बुरे दिन

क्या करें हमारी तो क़िस्मत ही ख़राब है
अच्छे दिन आए थे कुछ दिनों के लिए
फिर वही मनहूसियत
और वही ज़ेल और बंद दरवाज़े
किवाड़ खुलने के इंतज़ार में हम
मैं चौकी, अरे यह कौन फुसफुसा रहा है
मेरे आसपास तो कोई नहीं
चारों ओर घूमी बेडरूम में
सहसा समझी जब आलमारी के पास पहुँची
अरे ये तो वही साड़ियाँ हैं मेरी
जो पिछले साल रोकर अपनी व्यथा कह रही थीं
और अब अपने समय को कोस रही हैं

जनवरी से फ़रवरी थोड़ा लहराई थीं
थोड़ा इतराई थी, थोड़ा खिलखिलाई भी थीं

अब फिर वही बुरे दिन को कोसकर
अच्छे दिन का इंतज़ार कर रही

मेरी लाल, नीली और पीली साड़ियाँ।

□

होली

होली पे न हल्ला, न गुलाल
यह होली है बेमिसाल

पीला रंग मिला ख़ुशी का
बेटी से फ़ेसटाइम करने से

लाल रंग महसूस हुआ
स्नेह का प्यार का
दोस्त से बात करने से

हरा रंग देखा बगीचे के पेड़ों के पत्तों में

और इंद्रधनुष के सारे रंग पाए
बच्चों की मीठी यादों में, उनकी प्यारी बातों में

हाँ यह सच है रंगपंचमी है फीकी सी
पर आशा जीवित है उसे हराने की
और जीत के बाद रंगीन होली मनाने की।

□

होली

लाल, नीला, पीला और गुलाबी

सभी रंगों को खिलने दो
उनको चटकने भी दो

जीवन के रंग ख़ुशियों के संग
होली रंगीन रहे, जीवन भी रंगीन
रंग को बदरंग न करें

होली को हर साल मनाना है
पर कोरोना को इस साल मिटाना है

सोचिए क्षणिक रंग नहीं अमिट रंग होना
न पड़ जाए कही रोना और हँसी को खोना

इंद्रधनुष सी ज़िंदगी चलने दो, उसे रोको मत
इस बार घर पर घर वालों के साथ
अगली बार सबके साथ होली।

□

मान जाइए

किससे कहूँ और क्या कहूँ
सबसे कहूँ और सब कहूँ

ज़िंदगी न मिलेगी दोबारा

ख़ुद को बचाइए और अपनों को भी
मान जाइए मास्क पहनिए

घर पर रहिए, हाथ धोते रहिए
ख़ुद से ज़्यादती मत करिए

बात मानिए अमल करिए

भीड़ तो हमेशा रहेगी, पर आप न होंगे
आपको रहना है अकेले, भीड़ में नहीं

मास्क मेरा भी और आपका भी
मास्क को अपना मानिए
अपनों को बचाइए
और ख़ुद को भी।

□

मेरा दिन

सब कह रहे हैं आज मेरा दिन है

क्या कल नहीं था?
क्या कल नहीं होगा?

पर मैं आज ख़ुश हूँ, गर्वित भी हूँ कि मैं एक महिला हूँ
आज 'महिला दिवस' है, कोई दिवस महिला के बिना
हो सकता है बताइए सोचिए भी

आप होते क्या, आप जनते क्या, ग़र माँ न होती
आप पिता बनते क्या, ग़र पत्नी न होती
आप भाई बनते क्या, ग़र बहन न होती
आप मर्द होते क्या, ग़र महिला न होती
आप अपूर्ण ही रहते, पूर्ण न होते

और ज़िंदगी भी वीरान, बदरंग, बासी, बेमानी
बदनुमा, बेरहम, बोर और बौनी सी होती

ज़िंदगी को ज़िंदगी, रंगीनी, विशालता
महानता, सुंदरता और पूर्णता महिला ने दी

फिर सिर्फ़ आज क्यों हमारा
कल भी था, कल भी होगा
आज तो है ही हमारा
महिला दिवस की शुभकामनाएँ।

□

पता नहीं

पता नहीं मैं क्यों कभी उदास और कभी ख़ुश हो जाती हूँ
क्या मैं स्त्री हूँ, इसलिए कभी ख़ुशी कभी ग़म के बीच झूलती रहती हूँ

क्या स्त्री होना ही मेरी कमज़ोरी है
क्या पुरुष का पौरुष ही उसकी ताक़त है

पुस्तकें लिखी गई, पन्ने भरे गए, पर राज़ नहीं जान सकी
दोनों कितने अलग से, कितने जुदा से, एक-दूसरे से
जितने जुदा उतने ही क़रीब से, उतने ही उतावले से
एक-दूसरे के लिए, एक-दूसरे के बिना, अधूरे से
फिर क्यों नहीं समझते, दूरी को, नज़दीकी को
मन-से-मन के बंधन को, रुहानी प्यार को
ज़िस्मानी हदों से परे, आत्मा में रची-बसी, भावनाओं को

कितने पन्ने भर जाएँगे, कितने गीत लिखे जाएँगे
कोई न समझा है, न समझेगा

बस यह सिलसिला यों ही चलता रहेगा

मेरा प्रश्न अनुत्तरित ही रहेगा ?

□

क्या करना था और क्या कर रही हूँ

क्या सोचना था और क्या सोच रही हूँ
क्या लिखना था और क्या लिख रही हूँ
कैसे जीना था और कैसे जी रही हूँ
कैसे हँसना था और कैसे हँस रही हूँ
अरे भाई, ये मेरी ज़िंदगी है
जो करना था कर रही हूँ
आप क्यों परेशान हैं ?
मैं सब सह आगे बढ़ रही हूँ
मैं स्त्री हूँ, मैं मैं हूँ और कोई नहीं
आप क्यों परेशान हैं
मैं ख़ुश हूँ और आगे बढ़ रही हूँ।

□

बड़े दिनों बाद

किसी ने लिखा—ज़िंदगी एक जंग है
किससे—अपने से या अपनों से
या अपने सपनों से

जंग लड़ी हथियारों से या देश की दीवारों से
या लड़ी बातों के त्रिशूलों से

जीत हुई या हार, हार हुई या जीत
क्यों लड़ी और किससे लड़ी

या लड़ते ही चले, न रुके, न थके
भूल गए क्या, खो रहे या पा रहे

या खोते ही रहे और बढ़ते रहे शून्य की ओर
पा लिया शून्यता का अहसास या शून्यता

या खोने के बाद ख़ुद से मिलने का अहसास

अहसास ही तो खो चुके हैं हम
स्नेह का, भावना का, इज़्ज़त का
रिश्तों का, कद्र का

और देखिए तो ज़रा मुग़ालता
कि हम जीत गए?

□

शुभ सवेरा

अँधेरे में मेरे साथ चलती
हलकी सी ठंड में डूबी हवा
कुछ आगे, कुछ पीछे चलते
लोग और कुत्ते और दोनों तरफ़ लगे फूल

और अपने आप में डूबी मैं ख़ुद
अपनी धुन में मस्त, अपनी मस्ती में चलती

सोचती इतनी ख़ूबसूरत सुबह फिर क्यों उदास सा दिन
बेवजह सी परेशान सी थकी सी ज़िंदगी क्यों
ओढ़ी हुई सी मुसीबतें और समस्याएँ
असंतोष, क्रोध, ईर्ष्या और गुमान

फिर वापस उदास सी शाम और आती हुई रात
नीद के आग़ोश में, सपनों में डूबे सब

अपनी-अपनी सुबह का इंतज़ार करते सब
सुबह की सुंदरता पहचानते और निहारते कुछ
क्या आप इन कुछ में हैं?

□

राम और रावण सब अंदर है

किसके कितने राम
और किसके कितने रावण
क्यों इस गिनती में हम जाएँ

अपने रावण को दबाकर, राम को बाहर लाएँ
जितने राम उतने ही रावण, दोनों ही पैर पसारे
रावण को राम ही तो संहारे

जो रावण सा है, जो राम सा है, किसका पलड़ा भारी
यही तो है सोच हमारी, जो होती हम पर भारी

क्या रखना है क्या हटाना—इस-पे हम भरमाए
क्यों नहीं अपनी सोच पर हम क़ाबू कर पाए

अच्छा सोचो, मीठा बोलो तो ही राम कहाए
बुरा सोचो, दंभी बनो, तो कैसे रावण को जलाए

अपनी करनी में राम, कथनी में राम,
अपने जीवन में राम, राम ही राम राजा राम।

□

जब एक कोने में बैठी हूँ

सिमट सी जाती हूँ
अपने आकार को समेटकर

छोटी जगह में समाने की कोशिश
सोचती हूँ मैं, क्यों नहीं कम में समा सकते हम

क्यों फैलने की इच्छा, क्यों पाने की इच्छा

क्या अनंत ही सब है,
क्या सीमित कुछ नहीं

बेहिसाब और दायरे के बीच कोई रेखा खींच दे
अपने सपनों अपनी उड़ानों को दायरे में क्या बाँध दे

बंधन में जी लें या बंधनों को तोड़ दें
या सब कुछ यों ही चलने दें

न रोकने की कोशिश और न टोकने की हिम्मत
समय के बहाव के साथ बस बहते रहें

उम्मीदों को कस के पकड़ें
आशाओं को साथ रखें
और इंतज़ार करें।

□

वक़्त

वक़्त का खेल है सब
वक़्त बलवान है
वक़्त ख़राब चल रहा है
अच्छे वक़्त का इंतज़ार करो
वक़्त किसी के लिए नहीं रुकता
वक़्त पर काम करो
वक़्त की कद्र करो
वक़्त से बड़ा कोई नहीं
वक़्त के साथ बदलो
वक़्त को पकड़कर चलो
अरे यह कैसा वक़्त है, यहाँ कोई किसी का नहीं
वक़्त पर पहुँचो
वक़्त को समझो
हवा में मत उड़ो
वक़्त की आँधी है
जो बच गया, वह जी गया
वक़्त की ही बात है यह
कोरोना से बचने का वक़्त है
लापरवाही का वक़्त नहीं
समझदारी से काम लो
ख़ुद को बचाओ और
सबको समझाओ
यह वक़्त भी निकल रहा है
निकल जाएगा
वक़्त कब किसके रोके रुका है।

□

झाँको

ताकना-झाँकना सभी को आता
दूसरे की खिड़की से, दूसरे के घर

अपने गिरेबान में झाँके न कोय
जो अपने गिरेबान में झाँके तो दुःख काहे को होय

मेरा दुःख तेरे दुःख से बड़ा
मेरा सुख तेरे सुख से छोटा

दुःख-सुख तेरा-मेरा सब करे
दुःख-सुख हमारा करे न कोय

मैं से हम बने सब तो दुःख काहे को होय
सबको समझे सब, ख़ुद को समझे न कोय

जो ख़ुद को समझे तो दुःख काहे को होय
अति ज्ञानी सब बने, ज्ञान न समझे कोय

जो ज्ञान को सब समझे तो दुःख काहे को होय
अब सब को छोड़ सब से परे ख़ुद को समझो

न दुःख न सुख सब दिन एक समान
हे प्राणी क्यों करे अभिमान!

□

ख़ुद से

अचानक आँख खुली
अरे आसपास कोई नहीं
ठीक से देखा चारों तरफ़
भूल थी मेरी, मैं तो यहीं हूँ
अपने अंदर ख़ुद के पास
फिर मेरी ये कैसी भूल और कैसी तलाश
चारों और भीड़ फिर भी हम अकेले ही हैं
ज़रा सोचिए हम नहीं तो कोई नहीं
अपने से तो मिलिए कभी
अपने को तो जानिए कभी
दुनिया को जानने की कोशिश
इसे पहचानने की कोशिश
अँधेरे में तीर चलाने की कोशिश
अंदर अँधेरा बाहर की तलाश
सब कुछ तो अंदर ही है।

□

आहिस्ता-आहिस्ता

हौले-हौले
धीरे-धीरे
जो चले वो ठोकर से बचे, नहीं गिरे
पर यह दौर है दौड़ने का, भागने का
झपटकर, छीनकर भागने का
चाहे वो दूसरे का हक़ हो या उसका अधिकार
भागते-भागते जो थक गए, जो धीमे हो गए
वह ख़ुद को पा गए, ख़ुद से मिल गए
मित्रो, यह भाग-दौड़ अंतहीन है, जिसका ओर न छोर
चलिए आहिस्ता-आहिस्ता, मंज़िल तो मिलेगी ही
अनुभव का ख़ज़ाना भी साथ आएगा
दौड़ करिए ख़ुद से स्वयं से और रोज़ करिए
नए-नए जीत के आयाम स्थापित करिए
बस इसी दौड़ में शामिल रहें, वरना आहिस्ता-आहिस्ता ही सही है।

□

आज मुक्त दिवस पर मन कुंठाओं से मुक्त हो तो बात बने

हम अपने पूर्वग्रहों से मुक्त हों तो बात बने

पुरुष अपनी वासना और हैवानियत से मुक्त हों तो बात बने

नेता अपनी स्वार्थी राजनीति से मुक्त हों तो बात बने

कोई मुक्त होना ही नहीं चाहता, सब उन्मुक्त जीवन चाहते हैं

बेशर्मी, झूठ, घटिया सोच से मुक्त हों तो बात बने

मन के मुक्त दिवस के इंतज़ार में।

□

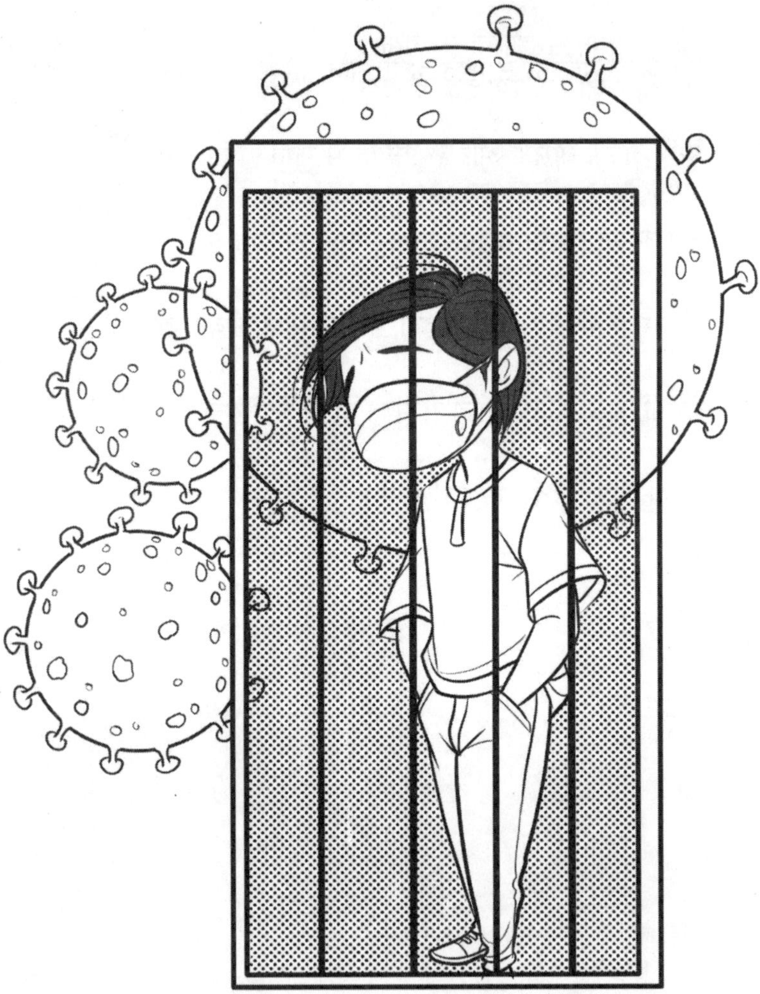

डर

डर के आगे जीत है और जीत के आगे डर

जो डर गया, समझो वो मर गया
पर आज जो डर गया वह जी गया

कोई छींका, कोई खाँसा तो डरो
मास्क पहनो, किसी के पास न जाओ

सुना था आदमी को सबसे ज़्यादा डर आदमी से ही है
आज सही लगता है, नफ़रत से नहीं प्यार से डर लगता है

कोई कॉकरोच, कोई चूहे तो कोई कुत्ते से डरता है
अब आदमी इन सबसे नहीं ख़ुद के क़रीबी से डरता है

डर-डर के क्या जीना, अब तो बस डर के ही जीना

यह भी कोई ज़िंदगी है, मुँह छुपा के घूमो, मुँह मत खोलो
मुँह खोला तो क़यामत आ जाएगी
और बाँहें खोलीं तो भी

दिल के दरवाज़े और घर के दरवाज़े भी बंद रखो

अंदर डर बाहर डर, कहाँ जाएँ हम

ख़ुद को जानो, ख़ुद को पहचानो
ख़ुद से मत डरो, ख़ुद के साथ जियो

और जीत लो डर को, क्यों कि
डर के आगे जीत है।

□

आज का विषय—मोबाइल की दुनिया

दुनिया बड़ी हसीन और रंगीन है
किसी ने कहा—नहीं यह तो दुःखों का सागर है

और दुनिया, जिसे हम मोबाइल में देखते हैं
वह तो गागर में सागर है

मैं बहुत बार कह चुकी हूँ और रोज़ सोचती हूँ
काश दुनिया और हम दोनों उतने सुंदर होते, जितने मोबाइल पर दिखते हैं
कभी फ़ेसबुक पर कभी इंस्टाग्राम कभी व्हाट्सअप पर

मोबाइल की दुनिया में जितनी ख़ूबसूरती, जितनी सुंदरता देखने को मिलती है
काश, उसका कुछ प्रतिशत ही सच हो जाता

मोबाइल की दुनिया में सब एक से बढ़कर एक, कोई किसी से कम नहीं और सब साथ-साथ दिखाई देते हैं

सब एक-दूसरे से अच्छी पोस्ट फ़ॉरवर्ड करने की होड़ में शामिल
जिसने नहीं की, वह तो पिछड़ गया समझो

जान से प्यारा मोबाइल और उसकी दुनिया पे तो सारी दुनिया वारी जाए
नहाते, खाना खाते, सोते, पॉटी करते भी तो आँखें इस मोबाइल के स्क्रीन पर

इसी दीवानगी के तो सब दीवाने हैं

मित्रो सही दुनिया और आभासी दुनिया में क्या मेल,
हम खेल रहे हैं, ये कैसा खेल

मोबाइल की दुनिया को करें हम थोड़ा टाटा, बाय-बाय और लौटें अपनी जड़ों की ओर।

□

साथ

हज़ारों आगे
अनेकों पीछे
साथ कितने और कितने दूर
पल दो पल का साथ
मतलब है तो साथ
साथ भी तो एक मुद्दा है
किसके साथ और क्यों साथ
है हम आपके साथ
वफ़ादार दूर तक और देर तक साथ
बेईमान साथ रहकर भी दूर
दोस्त दिल के साथ और दिल से साथ
अंतिम समय कोई नहीं साथ
कर्म कर फल की इच्छा मत कर
अपने आपके साथ रह, यही है अंत समय तक साथ
मैं हूँ ख़ुद के साथ, फिर क्यों ढूँढूँ किसी दूसरे का साथ।

□

तरीक़ा

सबके अपने-अपने तरीक़े हैं
समझने और समझाने के
ईश्वर के भी है ज़रा देखिए, फिर सोचिए

हम तो इसके बिना रह ही नहीं सकते
किसके बिना

महिला मैकअप और मेड (बाई) के बिना
पुरुष पर्स और पेमेंट के बिना

क़रीब तीन से चार महीने दोनों रहे दोनों के बिना
ये किया उसने, जिसे आपने कुछ समय भुला दिया था

आपने कभी कहा था, ये तो हो ही नहीं सकता
और हो गया—सब एक साथ घर में बंद हो गए
कुछ झोंपड़ी में, कुछ छोटे तो कुछ बड़े घर में

ये भी तो उसी ने किया, जिसकी मर्ज़ी के बिना पत्ता भी नहीं हिलता

और अब
जो जाग गए, जो समझ गए, वे बच गए
जो नहीं माने, वो निपट गए

यह भी वही कह रहा है, वही समझा रहा है
यह उसका तरीक़ा है
सिर्फ़ उसका।

□

कभी आगे, कभी पीछे

कभी दाएँ, कभी बाएँ
कभी ऊपर, कभी नीचे
कभी हँसना, कभी रोना
और कभी चिल्लाना
हम कभी इस कभी से
आगे नहीं बढ़ पाए
न अपने को पहचाना
न उसको जाना
बस जीते रहे एक जीवन
कुछ मिला कुछ नहीं मिला
कुछ उलझने, कुछ नाकामियाँ
कभी ख़ुशी, कभी ग़म
पर नहीं बदले हम
बदलने की सोच ही नहीं
फिर काहे की शिकायत
उससे भी और ख़ुद से भी
अभी तो नहीं तो फिर क्यों
कभी-कभी या कभी नहीं?

□

इस समय

कभी छत, कभी ड्राइंगरूम और कभी बालकनी का कोना
तलाशती मैं और अपनी बोरियत का इलाज ढूँढ़ती मैं

छत पर उड़ते पक्षी देख, अपनी क़ैद को कोसती मैं
ड्राइंगरूम में बैठ मित्रों की यादें इकट्ठी करती मैं

बालकनी के कोने में खड़ी दूर-दूर तक फैले सन्नाटे को देख घबराती मैं
और काग़ज़-क़लम उठाकर अपनी यादों को शब्द देकर
कभी ख़ुश, कभी हलकी होकर गुनगुनाती मैं
कोई लौटा दे मेरे बीते हुए दिन।

□

मन

मन के हारे हार है, मन के जीते जीत
पर कौन गिनेगा कब हारे, कब जीते

सोचो तो हार ठान लो तो जीत
किसी की हार तो किसी की जीत

दिल हार दिया तो जीत गए
दिल जीत लिया तो हार गए

क्यों हम हारने या जीतने का सोचते हैं
क्यों हमारी हार या जीत दूसरे निश्चित करते हैं

क्या कभी हम अपने मन को जीत पाए
हम तो बस मन से और मन को हारते ही जाते हैं

और कोसते रहते हैं, कभी समय और भाग्य को
क्यों नहीं मन को जीतकर दुःखों को हरा देते हैं
और विजयी बन आगे बढ़ जाते हैं।

□

यों तो

यों तो गुज़र ही रही है ज़िंदगी
और भी गुज़र जाएगी
समय कब रुका है
समय कब थका है
रुके तो हम भी नहीं
बस कभी ठिठके
कभी सुस्ताए, कभी घबराए
आगे चले फिर पीछे आए
फिर हिम्मत बटोरी फिर बढ़ आए
धीरे-धीरे, हौले-हौले, सब होता जाए
डोर किसी और के हाथ मन ये समझाए
मन के हारे हार है, मन के जीते जीत
जी सके तो जी ले समय जा रहा बीत।

□

नारी तू नारायणी

नारी है तो नर है और नारायण भी
नारी ने जग रचा, नारी में जग बसा

चहुँ ओर तू, हर ओर तू, हर छोर तू
घर में तू, जग में तू, मंदिर में भी तो तू

कभी माँ, बहन, पत्नी, दोस्त, प्रेयसी
डॉक्टर, पायलट, सैनिक, नेत्री, मंत्री
लक्ष्मी, दुर्गा, पार्वती, सीता, राधा

हर रूप में, हर रंग में, हर रोल में
लाज़वाब, बेमिसाल, अद्वितीय

अपनी छटा बिखेरती, अपना प्यार लुटाती
कभी अन्नपूर्णा, कभी जीवनदायनी बन जाती

माँ के रूप में, माँ के रोल में और माँ बन
अपना सर्वश्रेष्ठ देती, सिर्फ़ स्नेह बरसाती

ख़ुशियाँ लुटाती, हे नारी, तू ही तो है नारायणी।

□

आँसू

जैसे ही सिसकने की, हिचकी की आवाज़ आई, मैं घबराई
अरे ये सबेरे-सबेरे किसको कुछ हो गया,
मैं सारे घर में घूम आई, फिर धीरे से ठिठकी,
अपनी अलमारी के पास, कानाफूसी सुनाई दी,
कुछ ज़ोर से तो कुछ धीरे रो रही थीं,
अरे ये तो मेरी साड़ियाँ थी,
जो अपनी व्यथा कह रही थीं
लाल रंग की साड़ी सबसे ज़्यादा दुःखी थी
इस रंग को मैं बार-बार पहनती थी
पीली साड़ी तो ख़ुद पीली पड़ गई थी, उसने हँसना छोड़ दिया था
हरी साड़ी की रंगत भी फीकी सी दिख रही थी
गुलाबी का गुलाबीपन भी अपनी नियति को कोस रहा था
नारंगी का दुःख सबसे बड़ा था, उसे भी तो मैंने तजा था
बस सफ़ेद कुछ नॉर्मल सी थी, उसे मैं पहनती नहीं थी
सभी मिलकर कोरोना को कोस रही थीं
अब और कब तक हम यों ही रोते रहेंगे
हमारे दिन अब कब फिरेंगे
अब कब वापस बाहर आएगी और हम सब फिर इतराएँगी
हमारे अच्छे दिन कब आएँगे
इंतज़ार में लाल, पीली, हरी, नारंगी, गुलाबी साड़ी।

□

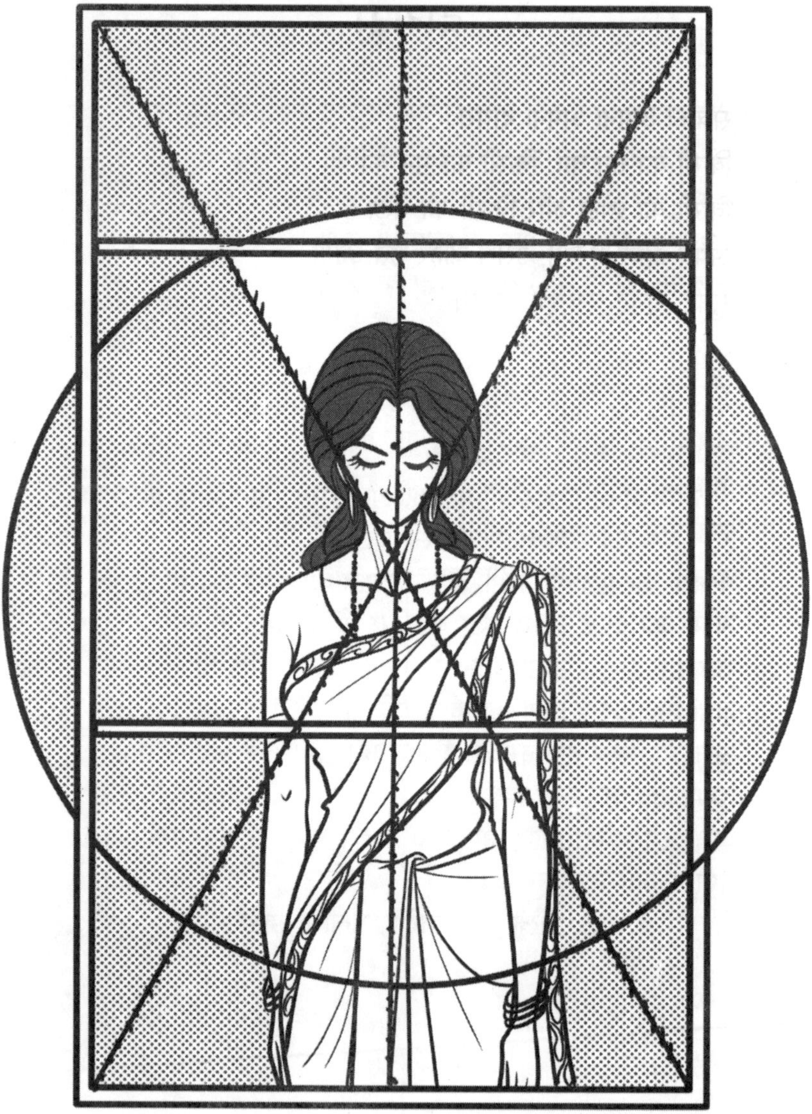

दायरा

सबका अपना अपना दायरा
किसी का तन का, किसी का मन का
किसी का छोटा और किसी का बड़ा
अपने दायरे में रहो, इससे बाहर मत आना
सुनते-सुनते बड़े होते हैं हम
और शायद भूल जाते हैं दायरे से बाहर आना
छोटी सोच, स्वार्थ, हवस, जलन का दायरा
उम्र के साथ शायद बढ़ता ही जाता है
मतलब का दायरा, अपने अंदर सिमटने का दायरा
हम बेड़ियाँ खोल ही नहीं पाते, बस छटपटाते रहते हैं
इंतज़ार करते रहते हैं कोई आएगा और हमें आज़ाद करेगा
कोई आता नहीं हम आज़ाद होते नहीं
अपनी ज़ंजीरें तो ख़ुद ही खोलनी होती हैं
फिर किसका रास्ता देखते हैं हम
ताउम्र और उम्र निकल जाती है
अपने-अपने दायरे में क़ैद।

□

सच्ची मित्र–पुस्तकें

कलयुग है और कोरोनाकाल भी
सच्ची मित्र की तलाश अभी भी है, पहले भी थी

मेरी तलाश तो ख़त्म हो गई थी बरसों पहले
कक्षा दसवीं की लाइब्रेरी में, जब बनी थी मेरी दोस्त पुस्तकें

और मैं ख़रीदती चली, पढ़ती चली
और मानती भी चली

यही है मेरी पक्की और असली दोस्त
क्योंकि

इनका मुझसे कोई कंपटीशन नहीं,
मुझसे इनकी कोई दौड़ भी नहीं,

और न ये रखती है कोई जलन,
तेरी साड़ी मेरी साड़ी से सफ़ेद क्यों?

ये नहीं देती कभी ग़लत सलाह
और न ही ये मुझे बरगलाती हैं

ये तो हर वक़्त मुझे सिखाती, समझाती और
जीने की राह, सच की राह दिखाती

अंधकार से प्रकाश की ओर ले जातीं
मेरी प्यारी सच्ची सहेली पुस्तकें!

□

बेवकूफ़ी

औरतें बेवकूफ़ होती हैं
कभी कोई आदमी, कभी पति, कभी कवि
बड़ी आसानी से कह देते हैं
और भूल जाते हैं हम अगर बेवकूफ़ नहीं बनते
तो आप अक्लमंद कैसे कहलाते
सच में हम प्यार और स्नेह में बेवकूफ़ बनते हैं
पति, पति के बच्चों, पति के परिवार पर
अपनी बेवकूफ़ियों की बारिश करते रहते हैं और
ख़ुद कभी बन जाते हैं और कभी कहलाते हैं
ज़रा सोचो, ये बेवकूफ़ियाँ न होतीं तो आप होते
आपका वज़ूद होता क्या ? चलो, आज से कुछ नया बोलते हैं
कुछ उलटा-पलटा करते हैं, आदमी भी तो बेवकूफ़ होते हैं
आज से अपनी बेवकूफ़ियों को आधा-आधा करते हैं
कभी आप और कभी हम बेवकूफ़ बनते रहते हैं।

□

भूलना

भूल जाना ही होगा
भूल जाना ही आगे बढ़ जाना है
भूलना ही बेहतर की ओर जाना है
क्या भूलें पहले दूसरे की ग़लती
वक़्त की नाइनसाफ़ी या समय का फेर
या अपनी नादानियाँ और बेवकूफ़ियाँ
या हाथ पर हाथ रख बैठने की आदत
भाग्य को कोसना और कोशिश न करना
सबकुछ भूल जाओ, मुमकिन है यह
पर ख़ुद को और ख़ुदी को मत भूलो कभी
ख़ुद ही सँभालना है ख़ुद को
नहीं भूलना है यह कभी
हम हैं तो सब है, हम नहीं तो कुछ नहीं।

□

सुकून

सिर्फ़ एक कोना तलाशती मैं
कभी अपने घर में
कभी अपने मन में
कभी अपने बच्चों के दिल में
कभी अपनी छत पर
कभी किसी बग़ीचे में
सिर्फ़ एक कोना, जहाँ मैं हूँ सिर्फ़ मैं
जहाँ न कोई मुझे देखे और न मेरे आँसुओं को
और न मैं देखूँ ख़ुद के भारी मन को
ये दुनिया भरी पड़ी है भीड़ से और भीड़ से
मेरी यह तलाश कठिन भी है और अजीब भी
सब बहार तलाशते हैं और मैं अकेलापन
कभी मैं ही नहीं समझती इस तलाश की तलाश को
क्या मैं ख़ुद को ढूँढ़ रही हूँ या किसी साथी को
न मैं ख़ुद को पा पाती हूँ और न साथी कोने को
न यह दुनिया मेरी है और न यह खोज मेरी
यह तो बस अंतहीन भटकाव है मेरे मन का
चलो इसी को बस में करती हूँ
चलो कोशिश तो करती हूँ।

□

हार

जीत गए तो हार पहना दिया
मंदिर गए तो हार चढ़ा दिया

शोक में गए तो मृत शरीर को हार से ढक दिया
बीवी को भी हार पहनाकर अपना बना लिया
बीवी को हार भेंट कर प्यार भी दिखाया
मानो हार-ही-हार का खेल है सब

अब इस हार का दूसरा मतलब भी तो समझिए
हार और जीत का ही सब खेल है
जीतने वाले ने हार पहन लिया
और हारने वाले ने उतार दिया

पर दोनों ही भूल गए
सारा खेल सोच का है
मान लो तो हार है
ठान लो तो जीत

और हम तो हारते ही नहीं कभी
क्यों कि हार मानते ही नहीं कभी।

□

सच

सच को कब तक दबाओगे
सच को कब तक छुपाओगे

सच से कब तक भागोगे
सच के साथ कब तक खेलोगे

सच को कब तक दबाने की कोशिश करोगे
सच को कब तक परेशान करते रहोगे

मत भूलो सच कभी पराजित नहीं होता

सच का साथ देना और सच के साथ खड़े होना सीखो
सच अटल, अजर–अमर है हमेशा।

□

हमारी ज़िंदगी हमारी थी ही कब

हमने अपनी मर्ज़ी से इसे जिया ही कब
कभी किसी ने रोका कभी किसी ने टोका

कभी परिवार अपना कभी पति का
कभी कोई खुश कभी कोई नाराज़
एक को ख़ुश रखा तो दूसरा नाराज़

क्यों हम दोहरी ज़िंदगी जीते रहे अब तक
क्यों नहीं पहले जाना सितम ढा रहा है ज़माना
क्यों नहीं हमने पहचाना क्यों नहीं हमने जाना

अपने लिए भी तो जी लें कभी
अपनी ख़ुशी भी तो पा लें कभी
चार दिन की ज़िंदगी में, दो दिन तो अपने हिस्से के भी रखें कभी

कब तक सोचते रहेंगे वे दिन कब आएँगे
जब हम अपने लिए जीएँगे, अपनी इच्छा से जीएँगे
आज ही क्यों नहीं शुरू करें
चलो करते हैं आज ही और अभी ही
अब सिर्फ़ हम होंगे और हमारी ख़ुशी।

□

चलने दीजिए

परेशानियों को भी
तकलीफ़ों को भी
उम्मीदों को भी
अँधेरों को भी
उड़ने दीजिए सपनों को भी
कहीं भी लगाम या विराम मत लगाइए
क्यों कि चलना ही ज़िंदगी है
चाहे रेंगिए या दौड़िए पर
स्थिर न हो जाइए
स्थिर होना प्रकृति के विरुद्ध है
स्थिरता में नहीं चलायमान होने में आशा है
अभिलाषा है, उमंग है, रंग हैं, सपने हैं
और हम और आप और हम सब हैं।

□

स्वतंत्रता दिवस

कल है आज़ादी का दिन
ज़रा सोचिए, क्या आप आज़ाद हैं
और किससे आज़ाद हैं
आप धर्म के नाम पर लड़ते हैं
मज़हब पर दंगे करते हैं
बच्चियों को रेप कर काट देते हैं
किसी की हत्या को आत्महत्या बना देते हैं
बूढ़े माँ-बाप को अनाथ बना देते हैं
चालाकी, झूठ, राजनीति अपनाते हैं
तिरंगे को अपमानित करते हैं
कभी पैरों से रौंदते हैं, कभी फाड़ देते हैं
फिर अपना देशप्रेम भी बेच देते हैं
किसी का हक़ मारते हैं
भूखे को छोड़ देते हैं मरने के लिए
फिर कहते हैं हम पंद्रह अगस्त मनाते हैं
क्या सिर्फ़ तिरंगा फहराना ही काफ़ी है
क्यों नहीं हम कहते वंदे मातरम्
जय भारत, जय हिंदुस्तान
भारत माता की जय।

□

व्याकुल मन

न जाने क्यों मन आज व्याकुल सा है
बारिश में भीगकर भी सूखा सा है
कुछ कुछ भूखा सा भी है
स्नेह-बंधन अपनों के परायों के
कुछ ढीले-ढीले से हैं
बस कुछ यादें कसी हुई
दिल में बसी हुई सँभली सी
कहीं सुकून देती हुई
मानो कहती हुई हम हैं न
मन को व्याकुल मत करो
मन को अधीर मत करो
अँधेरे के बीच से आती नन्ही किरण को देखो
सूरज उगने का इंतज़ार करो।

□

कृष्ण

क्या है
हमारी जाग्रत् अंतरात्मा है
हमारे जीवन की मिठास है
हमारा स्नेह और संबंध है
हमारे जीवन जीने की कला है
हमारी शक्ति और भक्ति है
हमारे मानव मन का अहसास है
हमारी ख़ुशी हमारी हँसी हमारी मुसकान है
हमारा दर्शन हमारा साहित्य और हमारा ज्ञान है
पर हम सब कितने अनजान है
हमारे अनगिनत अभिमान है
हम कृष्ण को छोड़ ख़ुद को पकड़े हैं
जिससे दुःखी और परेशान हैं
आज का शाश्वत सत्य कृष्ण ही महान् हैं
कृष्ण का जीवन-दर्शन सत्य की खोज ही
कृष्ण की पहचान और हमारी शान है।

□

दिशा

हम कहाँ से आ रहे हैं
हम कहाँ जा रहे हैं
मालूम नहीं
दिशाहीन चलना
और मंज़िल की तलाश
न मन शांत न, दिल ख़ुश
न प्यार, न सम्मान
और न सहयोग
न ईश्वर पर विश्वास
न ईमानदारी से प्रयास
न देशप्रेम, न भाईचारा
और शिकायत ढेर सारी
कभी तो सोचो यार
कभी तो बदलो यार।

□

आपके साथ कौन है, कौन नहीं

आप अपने साथ हैं या नहीं
दूसरे दूर से ही साथ देंगे
कोरोना है पास नहीं आएँगे
जो पास था, वह भी तो डर गया
क्या निडर कोई नहीं
डरो भगवान् से उससे नहीं
यह कैसा समय आया है
जब आदमी आदमी से घबराया है
आदमी अकेला ही चलता है
धीरे-धीरे कारवाँ बनता है
क्यों तलाश है किसी की
ख़ुद को तलाशो ख़ुद में
ख़ुद के निर्माता बनो ख़ुद
नवनिर्माण करो आगे बढ़ो।

□

ज़ख़्म

ज़ख़्म हरे हो गए
किसी ने ज़ख़्मों पर नमक छिड़क दिया
क्यों अपने ज़ख़्मों को उजागर कर दिया
क्यों ज़ख़्मों पर मलहम नहीं लगाया
कुछ ज़ख़्म अपनों ने दिए
कुछ परायों ने
कुछ ख़दु ने ख़ुद को दिए
कुछ गिरने से मिले
तो कुछ गिराकर मिले
कुछ जाने, कुछ अनजाने में मिले
इन ज़ख़्मों की गठरी कब तक सहेजूँगी
कब तक ढोती रहूँगी
कब तक घुटती रहूँगी
सोचा चलो आज इनको भुला दूँ
इन ज़ख़्मों पर दवा लगा दूँ
इनको दिल से मिटा दूँ
इनको दिल से हटा दूँ
और यादों से भी मिटा दूँ।

□

मित्र

चलते-चलते जो मिले,
मिलकर जो जुड़े
जुड़कर जो महसूस करे
महसूस कर, जो अभिव्यक्त करे
अभिव्यक्त कर, जो लिखे
लिखकर जो कहे—मैं हूँ न
मित्र वही है।

□

मेरा मन

एक आज़ाद पक्षी, आज मोर, कल तितली
सबेरे क़ैद, शाम को आज़ाद
दोपहर खिला सा, रात को मुरझाया
सपनों में नाचता, अपनों को खोजता
चिड़िया सा फुर्र उड़ता-फिरता, अस्सी और नब्बे के सालों में,
बीते दिनों के ख़यालों में
माँ के घर में अपने कमरे में घूमता, स्कूल की दीवारों को लाँघता,
शादी के एलबम को निहारता
बच्चों की मेज़ पर उनके लिखे अंकों को चूमता
मेरा मन यहाँ-वहाँ डोलता,
वापस मेरे अंदर समा जाता।

□

ख़याल

कभी-कभी ये ख़याल आता है कि कोरोना न होता
तो क्या होता
न मैं इतना घर में रुकती, न मैं इतना ठहरती
न मैं इतना सुधरती, न मैं इतना बदलती
न मेरी रसोई महकती, न मेरी अलमारी सिसकती
न मैं अंदर झाँकती, न मैं बाहर झाँकती
न मैं कलम उठाती, न मैं काग़ज़ तलाशती
और न मैं बनाती आपदा को अवसर
कभी-कभी यह ख़याल आता है कि इनसान कैसे हर लड़ाई जीत जाता है
जीत के इंतज़ार का भी कभी-कभी ख़याल आता है।

□

आज

समय चल नहीं भाग रहा है
उम्र रीत रही है
पुष्प खिलते हैं, मुरझाते हैं, फिर गिर जाते हैं
बारिश के इंतज़ार में रुकी हुई बयार बहती है
और एक हम बैठे-बैठे कभी उठ जाते हैं
और सो जाते हैं अनदेखे सपनों की गोद में
एक नई भोर की आस लिये
और आज कल बन जाता है
कल परसों, फिर बरसों।

□

चाय सी ज़िंदगी

कभी किसी ने चाय के साथ ज़िंदगी की तुलना नहीं की
चाय पर चर्चा भर की

दोनों ही हैं कुछ कुछ एक सी
कभी गरम तो कभी ठंडी
कभी मीठी तो कभी फीकी
कभी उबलती तो कभी धीमी आँच पर बनती
उबाल आने पर गिर जाती, और ठंडा होने की इच्छा करती
बहुत ठंडा होने पर बेस्वाद कही जाती
और गरम होने पर भी थोड़ी कम पसंद की जाती

पर साहब ये तो सबकी अलग अलग सी है
ज़िंदगी और चाय, स्वाद तो बस बन जाता है

किसी की बन जाती है तो कोई बना लेता है
कोई तलब लगा लेता है तो कोई मज़बूरी में पीता है

कोई पिए चले जाता है और जिए चला जाता है
कोई तरस कर मिलने के इंतज़ार में जीता है

माना कि यह ज़िंदगी है चाय सी
माना कि यह चाय है ज़िंदगी सी
सबकी अपनी अपनी एक दूसरे से जुदा।

□

पहले समय कम था

अब समय ज़्यादा है
न पहले ख़ुश
न अब ख़ुश
फिर कहाँ ढूँढ़ूँ ख़ुशी को
क्या बाजार में
क्या हाट में
या बैंक के खाते में
या खाने की मेज पे
या सपनों की सेज पे
या अपनों के साथ में
खोजने से कुछ मिलता
तो खोज लेता हर कोई
ख़ुशी को ख़ुशी को
ये तो अपने आप मिलती है
कभी यहाँ कभी वहाँ
कभी अंदर कभी बाहर।

□

चलते रहिए

वो आगे था
और
मैं पीछे
साथ थी तो बस एक चाह, साथ चलें
न वो धीरे हुआ
और न रुका
पर मैं चलती रही अपनी रफ़्तार से
सोचती कभी
निराश होती कभी
अपनी धुन में
अचानक देखा दूरियाँ घट गईं
साथ चलने की उम्मीद जाग गई
अरे ये क्या हम तो साथ आ गए
नजदीक भी
और
साथ भी
मित्रो यही ज़िंदगी है
प्रयास और उम्मीद जारी रखिए
चलते रहिए।

□

जरा

जरा सा नमक
जरा सी चीनी
कम हो गई या ज़्यादा स्वाद बिगड़ गया
जरा सी कोशिश की मंज़िल मिल गई
जरा सी देरी की समय निकल गया
जरा सी जल्दी की समय पर पहुँच गए
जरा सा सोचा समस्या सुलझ गई
जरा सी हिम्मत की और जीत गए
जरा सी सोच बदली संबंध बदल गए
जरा सा पीछे हटे या जरा सा आगे बढ़े
साथ आ गए साथ हो लिये
ये जरा जरा को समझना है जरा
जरा के आसपास ही जरा सी ख़ुशी जरा सा ग़म
पर न समझे हम पर न बदले हम।

□

दोनों

आवाज़ और अल्फ़ाज़
सबसे ताकतवर और प्रभावी
पर कब तक
जब तक आपके वश में तब तक बस
दोनों को बेलगाम करिए और देखिए
इनका खेल
आवाज़ धीमी सुरीली और सधी हुई जब
सब आपके हुए तब
आवाज़ कर्कश कठोर अमर्यादित हुई जब
सब दुश्मन हुए तब
अल्फ़ाज़ ही तो आवाज़ बनते हैं
दोनों एक-दूसरे के पूरक
एक अकेला हो ही नहीं सकता
अल्फ़ाज़ आवाज़ की जुगलबंदी पर टिकी
हमारी आपकी ख़ुशी और ग़म
फिर क्यों नहीं समझे हम
सँभल कर अल्फ़ाज़ को आवाज़ दो
और
आवाज़ को अल्फ़ाज़।

□

आज़ादी

75 साल हो गए आज़ादी को
अभी भी चाहिए आज़ादी—किससे
कुछ भी बोलो, कुछ भी लिखो
अभिव्यक्ति की आज़ादी है भाई
संसद में कुर्सी तोड़ो, किताब फेंको
कपड़े फाड़ो, और गाली भी दे डालो
सड़क जाम कर दो, महीनों तक वहीं जमे रहो
बच्चियों को हवस का शिकार बना लो
भाषा और संस्कारों की, मर्यादा की होली जला दो
दुश्मनों के साथ दीवाली मना लो
आज़ादी है यहाँ भाई
कभी सोचा है क्या आज़ादी होती है
घटिया सोच, निंदनीय कर्म, अशोभनीय बोल
असंसदीय व्यवहार, दुष्कर्म, देशद्रोह
से परहेज़ करना ही आज़ादी है
आज़ाद विचार और आज़ाद कर्मों का बंधन
आज़ाद सामाजिक जीवन पर बंधन डालो
तभी सच्ची आज़ादी को सोचो
झूठी आज़ादी कब तक दिखाओगे
कब तक माँगते रहोगे
आज ही सोचो और कर दो
आज़ाद ख़ुद को, ख़ुद के घटिया अंश से
और आज़ादी की पचहत्तरवीं वर्षगाँठ मनाओ
शुभकामनाएँ!

□

मनोदशा

मन का क्या करूँ
बार-बार दशा और दिशा बदलता है
कभी उड़ता है हवा के साथ
तो कभी विपरीत चल पड़ता है कहीं भी अकेला
अपनी धुन में ख़ुद में खोया सा, बेख़बर सा
मन के हारे हार है मन के जीते जीत
पर कैसे मन ही तो नहीं मानता
मन ही तो मचल जाता है
चंचल सा उतावला होता सा
कुछ तलाशता सा कुछ खोजता सा
हँस कर और रो कर मनमानी करता सा
यही मन तो है जो करता है मन की हमेशा
मन मसोसकर भी जीता है कोई
तो कोई मदमस्त सा घूमता है
हर रंग को देख मुस्कुराता है मन
मन ही मन कुढ़ता है कोई
तो मन से बदला लेता है कोई
मन से जीता तो मन से ही मरता है कोई
मनोदशा से मनोरथ पूरा करता है कोई
मनोदशा से मनोदशा तक।

□

अकेले

अकेले बैठे रहो
अकेले सोचते रहो
और अकेलेपन को परिभाषित करते रहो
खिड़की से बाहर ताका
सड़क भरी भरी सी
चलते लोग, कारों मैं बैठे लोग, खड़े बतियाते लोग
कहाँ है और कौन है अकेला, कोई तो नहीं
हर किसी के साथ कोई न कोई
किसी के साथ परेशनियाँ, तो किसी के साथ ग़रीबी
किसी के साथ बीमारी तो किसी के साथ ख़ुशी
हर के साथ हर कोई फिर भी हर एक अकेला
कहा है, अकेले आते हो और अकेले ही जाओगे
फिर क्यों तलाश किसी की और किसी के साथ की
अपने आप को तो साथ रखो, उसे मत छोड़ो
सिर्फ़ ये ही अंत तक साथ चलेगा
बाकी सब बारी बारी से छोड़ जाएगे
ख़ुद के साथ जी लो और अकेले मत रहो।

□

रोशनी

रोशनी की दरकार सभी को
चाहे हो दीए की
या बल्ब की
या झालर की
या फिर सूरज की
घना अंधकार भी हार जाएगा छोटे से दीए से
चाहे वो टिमटिमाता ही हो
हर रोशनी है आशा की किरण
उम्मीद का सबेरा
हल्की ही हो या धीमी सी।

□

वो

ठंडी हवा के झोंके सा वो आया
सुबह-सुबह उसने दरवाजा खटखटाया
चाय पीते-पीते मैंने सोचा देखती हूँ कौन आया
देखा और जाना और पहचाना भी
अरे ये तो वही एक पुराना विचार है
धूमिल सा ख़याल है, जो दोबारा आ गया
समझ नहीं आया क्या लेने आ गया
सुबह उठी, पता नहीं क्यों तू आ गया
मुझे मेरी नाकामी की याद दिलाने
मुझे मुँह चिढ़ाकर जलाने
और कहने तू तो करती नहीं कोशिश
हार कर पूरे दिन बैठी रहती है
और बीते समय को कोसती रहती है
तोता तो हाथ से उड़ गया
और चिड़िया भी चुग गई खेत
क्या आप जानेंगे नहीं सुबह किसने मुझे चेताया
वही पुराना सा विचार—अब मैं ख़ुश रहूँगी।

□

आरंभ

चहुँओर अँधेरा
सुनसान सा सबेरा
पत्ते भी सोए हुए
और हवा भी ठहरी हुई
सड़क के कुत्ते भी ऊनींदे से
और मैं चल रही थी
अपनी धुन में अपनी खोज में
तभी चिड़िया एक चहचहाई
आगे बढ़ने पर मोर की आवाज़ आई
गुड मॉर्निंग शुभ सबेरा
अजीब सी तेज़ी मेरी चाल में आई
और मैं मुस्कुराई
तभी मंदिर की घंटी की आवाज़ आई
अरे ईश्वर भी जाग गए, वह भी उठ गए, उनकी नींद भी खुल गई
और दिन निकल आया, रोशनी दूर बहुत दूर तक फैल गई
और मैं मुस्कुराकर वापस घर आ गई
यह आज का सबेरा था
महसूस भी किया और जिया भी
आपने किया क्या?

□

पीछा

परेशनियाँ, नाकामयाबी, नाइनसाफ़ी
ये तीन इडीयट पीछे पड़े हैं
आगे मैं पीछे ये कभी मेरे कभी तेरे कभी सबके
ये तीनों रुकते ही नहीं, चलते ही रहते
जीवन चक्र के इस फेरे में जीने के इस डेरे में
क्यों हम डूब गए, और फँस गए इस झमेले में
दिन में चैन नहीं और न रातों को आराम
हर कोई हैरान और परेशान
कहीं अधिक तो कहीं बहुत कम
न आगे गए और न पलटे हम
बस ठहर के रुक के चिंतित से हम
चिंता ने जकड़ा और पकड़ा
ख़ुशी भागी कहीं दूर और दूर
अचानक मैं जागी सपने से, अरे ये तो सिर्फ़ सोच थी
परेशानी मिट गई कामयाबी भी आ गई
और इंसाफ़ भी मिल गया
जब मेरा नज़रिया बदल गया।

□

कोफ़्त

झल्लाहट
चिड़चिड़ाहट
चारों ओर
और बीच में जाग्रत् आशा
छूटती सी कभी
भागती सी कभी
रुकी सी कभी
अदृश्य होती सी कभी
गुम होती भी कभी
बेनाम होती सी कभी
अस्तित्व खोती सी कभी
धूमिल होती सी कभी
निराशा में बदली सी कभी
पर मेरे साथ थी कभी
कभी नहीं हमेशा
चौबीसों घंटे
रात दिन
आठों पहर
दिलासा देती हमेशा
और कहती
मैं हूँ न।

□

नादानी

कितने नादान थे हम
और कितने नादान हैं हम
अपना मान बैठे सबको
पर कोई नहीं आपका
आप ख़ुद भी तो नहीं अपने
रिश्तों में बँटे आप
टुकड़ों में बँटे आप
जब एक निभाया दूसरा नाराज़
दूसरा ख़ुश तो तीसरा नाख़ुश
आपकी अपनी ख़ुशी भी तो नहीं ख़ुश
टुकड़ों को जोड़ते आगे बढ़ते हम
फ़ेविकोल तलाशते हम
कट पेस्ट करते हम
डिलीट कर तो कभी सेव करते हम
स्कोर बोर्ड पर नंबर गिनते हम
शून्य को जोड़ते और घटाते हम
सपनों को सहेजते और बटोरते हम
कितने नादान हैं हम
अपनी नादानियों का जश्न मनाते हम
ख़ुद से दूर कभी
ख़ुद के पास आते हम
जोड़ बाकी कर हिसाब लगाते हम
अपनी नादानियों का जश्न मनाते हम
ख़ुद को समझते और समझाते हम
कितने नादान और बेचारे हम।

□

ठहरो

ठहरा सा दिन और रात भी
ठहराव कुछ अधिक ही
कहीं कोई हलचल नहीं
कोई भगदड़ नहीं
शांत सा रुका सा
हवा भी रुकी हुई
पत्ते भी बेसुध
पक्षी भी निशब्द
मौन की गहरी चादर में लिपटी सी दुनिया
कहते हैं मौन अच्छा है
ख़ुद को ख़ुद से मिलाता है
दार्शनिक भी बनाता है
सच से मिलवाता है
सच जो दिखता है
उजागर भी होता है कभी
और खो भी जाता है कभी
सच यही है ठहराव भी चाहिए कभी
रुको, ठहरो और सोचो कभी
अनुत्तरित प्रश्नों के उत्तर
स्वत: ही मिल जाएँगे।

□

धुला

धुली धुली सी सड़क
धुले पेड़-पौधे
सोंधी सी हवा
बेमने से सने से हम
तन भी और मन भी मैला सा
मन पर चढ़ा मनों टन मैल
कुढ़न का, ईर्षा का, क्रोध का
और तन मुरझाया सा, बोझ से दबा सा
तन मन को धो डालो, देर क्यों
स्वच्छ भारत अभियान जारी है
हर भारतीय का स्वच्छ होना ज़रूरी है
मज़बूरी नहीं स्वेच्छा ज़रूरी है
ये मेरी आस अधूरी है।

□

दोनों मेरे

बेटी बेटे में फर्क क्यों
दोनों मेरे दिल के टुकड़े
बेटी मान तो बेटा अभिमान
बेटी मेरी जान तो बेटा मेरी आत्मा
बेटी प्यारी भी और न्यारी भी
बेटा प्यारा और न्यारा भी
दोनों ही मेरी दवा हर मर्ज़ की
कभी आज तो कभी कल
कहते दोनों ही, मम्मी आई लव यू
मेरे सपनों को जीते दोनों
मुझे गर्वित करते दोनों
कभी दोनों लड़ते कभी जान छिड़कते दोनों
कभी मेरे दोस्त बन जाते दोनों
तो कभी मेरे अध्यापक भी दोनों
जीने की राह दिखाते
और जीना सिखाते दोनों।

□

ध्यान

ध्यान लगाया
ध्यान किया
ध्यान दिया
ध्यान पाया
ध्यान में डूब गए
ध्यान हटाया
ध्यान भटकाया
ध्यान नहीं दिया
ध्यान टूट गया
ध्यान से पाया
ध्यान से खोया।

□

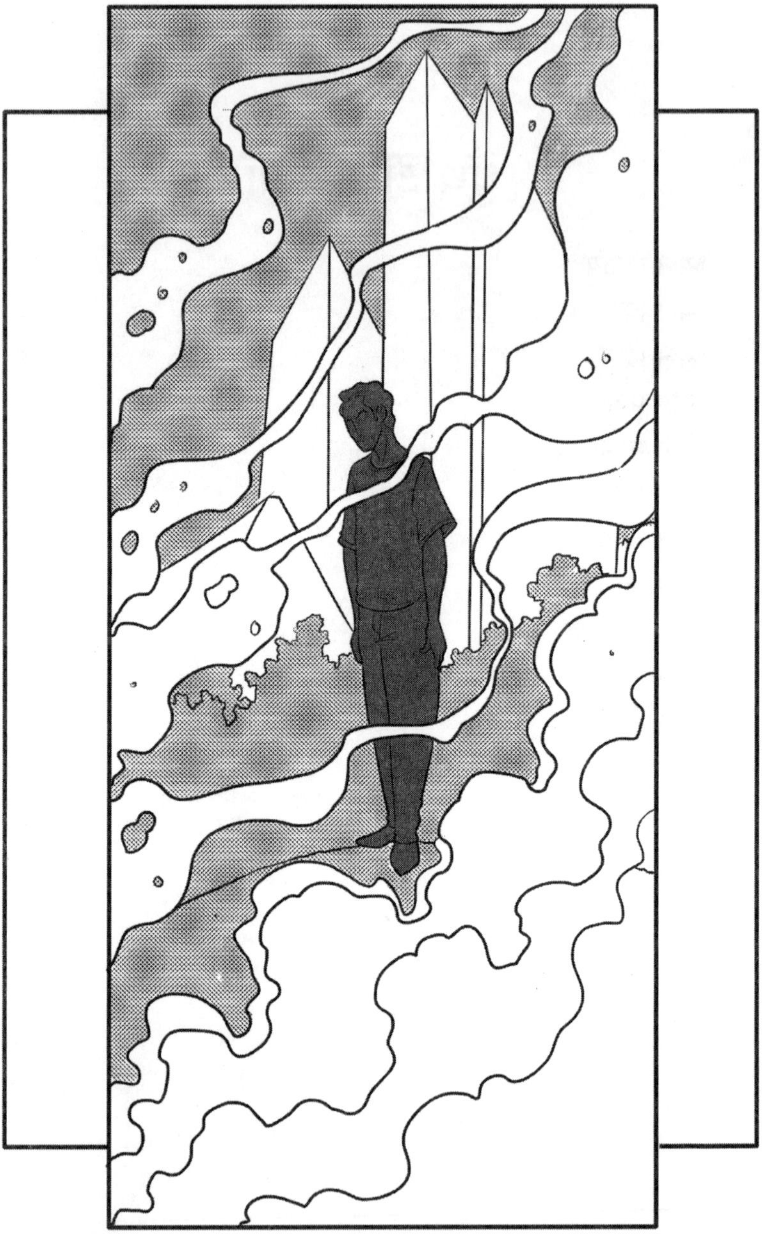

धुँध और धुआँ

कभी धुँध
तो
कभी धुआँ
है ज़िंदगी
धुँध परेशानियों की
कठिनाइयों की
असफलताओं की
नाउम्मीदों की
और धुआँ भी
खुशियों का
आशाओं का
उम्मीदों का
सफलता का
कभी धुँध छँट जाती है
तो
कभी धुआँ हट जाता है
कभी साथ साथ
दोनों चलते है

□

विचार

सबसे छोटी उम्र विचारों की होती है
जैसे ही उनका उदय हो लिख लो
पर अगर विचार ही न हों तो
क्या हम जी लेंगे, आगे बढ़ लेंगे
शायद नहीं
इन विचारों की भीड़ मत लगाओ तुम
इनके चुंगल से भी आज़ाद रहो तुम
वह अच्छा है या बुरा ये सिर्फ़ तुम्हारी छडिक सोच है
सोच को विस्तार मत तो उसे समेटो
विस्तार दुःख देता है और सीमा सुख
कभी करके तो देखो
विचार शून्य दिमाग़
विचार शून्य मन
शांत तन
यही तो अंतिम चाह है सबकी
शांत जीवन अंदर से
विचार को समझो, उसे विश्राम दो
नहीं समझ सको तो छोड़ दो
देने में सुख है लेने में नहीं।

□

पर्यावरण

पर्यावरण दिवस
हरी–हरी धरा हो
इसकी हरियाली सहेजो
और बढ़ाओ
धरा को बचाओ
और अपने मन के पर्यावरण को
अंदर की धरा को भी सुधारो
अंदर की कार्बन डाई आक्साइड को निकालो
जीवन रक्षक ओक्सीजन अंदर ले लो
जेबें भरना छोड़, जीवन बचाओ
तेरा–मेरा मत करो
हमारा होने दो, सबका होने दो
अंदर अँधेरा तो बाहर उजाले का क्या करेंगे
अंदर पतझड़ तो बाहर की हरियाली का क्या
सबकुछ अंदर देखो और अंदर ही तलाशो।

□

दिवाली

सबकी अपनी-अपनी दिवाली
सबने खरीदे दीए
किसी ने चार तो किसी ने चालीस
किसी ने चार सौ तो किसी ने चार हज़ार
किसी ने मिट्टी के तो किसी ने गोबर के
किसी ने मोम के तो किसी ने लाइट के
किसी के छोटे तो किसी के बड़े
पर काम और उद्देश्य सबका एक
जहाँ को रोशन करना
अंधकार को दूर कर प्रकाश बिखेरना
अपना-अपना दीया जलाइए
बाहर और अंदर दोनों ओर का अंधकार मिटाइए
दिवाली मनाइए।

□

रिश्ते

रिश्तों का मायाजाल
समझ से परे
रिश्तों की केमिस्ट्री
कई तत्त्वों का मिश्रण
रिश्तों का ताना बाना
उलझा सा
रिश्तों का मोहपाश
नशीला सा
रिश्तों का घेरा
एकदम गोल, न ओर और न छोर
जीवन रिश्तों का और रिश्तों से जीवन
मुश्किल सा प्रश्न
उत्तर की तलाश में मन
चहुँ ओर भटकता मन
हैरान परेशान से हम
रिश्तों को जीते और रीतते से हम
रिश्तों की पहचान ढूँढ़ते हम
और गड्ड मड्ड से होते हम

□

अनुभव

कभी अकेले
पानी से गीली जमीन पर नंगे पैर चलिए
घर की आखिरी सीढ़ी पर चुपचाप बैठिए
सबेरे दिन की रोशनी होने से पहले वॉक करिए
काली अंधेरी रात में छत पर तारे गिनने की कोशिश करिए
मंदिर में तेज बजते घंटों की आवाज़ में शांत बैठिए
अपने दिमागी घोड़ों को दौडाना बंद करिए
दुनिया में कुरूपता को देखना बंद करिए
दूसरों को छोड़ ख़ुद के गिरेबान में झाँकिए
और मानिए दुनिया कितनी हसीन है

□

गर्वित

गर्वित हूँ मैं
क्यों कि मैं हिंदी बोलती हूँ
क्यों कि मैं हिंदी लिखती हूँ
और समझती भी हूँ
उनासी और छप्पन और नवासी को भी
मुझे शरम नहीं आती हवाई जहाज़ में
पानी चाहिए बोलते हुए
मेरी हिंदी और माथे की बिंदी मेरी शान है
आन बान और शान से मैं कहती हूँ
हिंदी बोलो भाई, क्यों झूठी शान बघारते हो
जब ग़लत इंग्लिश बोलते हो और शान से कहते हो
बच्चों को तो हिंदी आती नहीं
जापानी और चीनी में बोलते जापानी और चीनी
गर्व से भरे रहते हैं और हम हिंदी से परहेज़ करते हैं
मैं क्यों बधाई दूँ आज हिंदी दिवस की
मेरा तो हर दिन हिंदी दिवस होता है
जब शान से मेरा बेटा बोलता है माँ
आप तो हिंदी की मास्टरनी हो
हिंदी बोलिए
हिंदी लिखिए
हिंदी समझिए
यही सच्ची देशभक्ति
यही सच्चा देशप्रेम है।

□

अरे ये क्या हुआ

मैं आज चली
कल रुकी
परसों बैठ गई
और दिन निकलते गए
मैं सोचती ही रह गई
हाथों से तोते भी उड़ गए
और चिड़िया भी चुग गई खेत
कल कर लूँगी और कल तो आया ही नहीं
आज भी गँवा बैठी
कारवाँ गुज़र गया गुबार देखते रहे
सोचना ज़्यादा और करना कम
यही तो करते हैं हम
कितने ना समझ और अज्ञानी हैं हम
करना ज़्यादा सोचना कम
सोच कर क्यों नहीं करते हम
चलो आज सोचते हैं और आज ही करते हैं हम
फिर आगे चलते हैं हम।

□

और मैं निकल गई

एक और नया दिन
पर सोच वही पुरानी
रोने वही पुराने
दुःख भी वही पुराने
फिर नया क्या कुछ नहीं
ये कुछ नहीं बड़ा बेदर्द है
बड़ा कड़वा सच भी है
आगे तो बढ़ना है
ठहराव नहीं, रोक नहीं
सोच नई करो
दृष्टि बदलो देश बदलेगा
विचार बदलो द्रष्टिकोण बदलेगा
आप बदलेंगे तो वह भी बदलेगा
आपका नज़रिया भी और आपका दुःख भी
आपके रोने भी, कष्ट भी, सब कुछ
मानो और जानो भी, आज ही और अभी
हम सब बँधे हैं, मज़बूर भी हैं और पराधीन भी
सर्वशक्तिमान के आगे, और नियति के आगे भी
फिर काहे का रोना धोना, काहे का दुःख
जो होता है, होने दो, कर्म करो और आगे बढ़ो।

□

वो भी एक दौर था

ये भी एक दौर है
पहले भी एक शोर था
कभी अंदर कभी बाहर
आज दोनों ओर है
वो भी एक दौर था
ये भी एक दौर है
कभी वो अकेला था
कभी मैं अकेली थी
आज दोनों अकेले हैं
ये भी एक दौर है
वो भी एक दौर था
कभी वो मौन और मुखर
कभी मैं वाचाल
आज दोनों मौन हैं
वो भी एक दौर था
ये भी एक दौर है
वो भी एक खेल था
ये भी एक खेल है।

□

प्यार और प्रेम

प्यार क्या है
और
प्रेम क्या है
सिर्फ़ एक अहसास
या
शरीर से मन तक का सफर
एक यात्रा
युवा तन चाहे तन का स्पर्श
युवा मन भी सुखद मिलन
बूढ़ा होता तन चाहे सिर्फ़ अहसास
संबंधों का, भावनाओं का
और गहरे होते प्रेम का
कभी साथ-साथ चलते रहने का
कभी सुनहरी यादों में खोने का
कभी बच्चों को बढ़ते देखने का
कभी सिर्फ़ अपनी ज़िंदगी जीने का
अहसास और अहसास बस
प्यार एक बस रूप अलग
उम्र के अलग पड़ाव पर
हर पल हर वक़्त हर समय
प्रेम की शक्ति
होती ही है बस अपनी।

□

याद

बड़ी कमबख़्त है ये याद
बड़ी बेदर्द है ये याद
बड़ी बेईमान है ये याद
क्या करूँ बड़ी प्रिय भी है ये याद
जब आई रुला गई और हँसा भी गई
यादों के झरोखे से झाँक कर
किसी अँधेरे कोने से बात कर
अपने मन को मार कर
उसको याद कर हम बेमने से हो गए
और पुराने दिनों में खो गए
अच्छे दिन कब आएँगे वो तो हवा हो गए
और हम तनहा मायूस से हो गए
जाने कहाँ किस दुनिया में खो गए
अपने बचपन की यादों को सहेजते रह गए
और हम यादों की दुनिया में खो गए।

□

हर पल

पल पल बदलते रिश्ते
हर पल बदलते सब
पल पल जाता वक़्त
फिर क्यों नहीं जीते हम
किसी पल क्रोध के अकड़े
तो छोटी सोच में जकड़े
मैं को जीते हम को खोते
आज को भी गँवाते
अभी को भी लुटाते
मायूस से होते हम
हर पल बिताते
अकेले सिर्फ़ गर्व के साथ
झूठी शान को जीते
अपनों को खोते
क्यों नहीं बदलते हम
कितना खो दिया
क्यों नहीं बचा हुआ सँभालते हम
कितनी मूर्खता और नादानी करते हम
पल-पल को खोते हम।

□

सिर्फ़ एक नज़र

सुंदरता चारों ओर बिखरी और निखरी भी
दिन का उजाला और रोशनी
और रात को गहरा अंधकार
अंधकार भी क्या ख़ूबसूरत होता है ?
रात को हम अपनी बदसूरती देख कर
अँधेरे में गुम हो जाते हैं
सोए हुए लंबे दरख़्त और ठहरी हुई हवा
सुनसान सा अँधेरा जुगनू की आवाज़ को कोसता
कहता क्यों मेरी आत्मा को ठेस पहुँचाई
अपनी आवाज़ उठाई
तभी कोई दूर कुत्ता भी भौंका और अँधेरे ने सोचा
अरे अब तो मेरे जाने का वक़्त आ गया, मैं क्यों भरमा गया
दूर पहाड़ों के बीच उगता सूरज और फैलती रोशनी
चहचहाती चिड़ियाँ गाते मोर और बहती तेज हवा
दिन निकल आया और कहने लगा—अब मेरा समय है
मुझे याद आया, उजाला तो सब उजागर कर देगा
कमियाँ भी कमज़ोरियाँ भी और परेशनियाँ भी
फिर चाह होगी रात की और उसके अँधेरे की
सब भूलने की चाह भी और नीदं की भी चाह
सब डूब जाएँगे अँधेरे में रोशनी के इंतजार में
अँधेरे की और उजाले की कशमकश जारी है
अनंत तक।

□

अपनी खुशी

अपनी ख़ुशी तलाशती मैं
कभी बंद आलमारी और बंद दरवाज़ों में
कभी खुली खिड़कियों में तो कभी यादों के झरोखों में
कभी गैस पर चढ़े कुकर में तो कभी भगोने में उबलती खीर में
कभी सड़क से आती कार की आवाज़ में तो
कभी सड़क पर चलती हवा में
कभी बजती डोर बेल में तो कभी सुनाई आती आरती में
कभी नल से टपकते पानी में तो कभी भरे मटके में
कभी सन्नाटे को चीरती सब्ज़ीवाले की आवाज़ में
कभी सोचती सी मैं जाने कहाँ गए वो दिन
वापस उनके लौटने की आशा में
और समेटी हुई अपनी अभिलाषा में
बटोरी गई हिम्मत और समेटी गई उम्मीद में।

□

कहाँ थे हम

कहाँ थे हम, कहाँ आ गए
क्या खोया, क्या पा गए
खोने और पाने की इस बेला में
कितने छूट गए, कितने जुड़ गए
हिसाब लगाया तो हम फ़ेल हो गए
ख़ुद तो खो गए और ख़ुद को भी खो दिया
कुछ तो नहीं मिला, न ख़ुद, न ख़ुदा
इस अंधी दौड़ में क्यों हम शामिल हो गए
न सोचा, न समझा, न परखा, बस दौड़ लिये।

□

हार

हार ही तो है, सब कुछ तो नहीं
हार के बाद ही जीत है
और जीत के बाद हार
हार मिला तो फूल गए
और उस हार को भूल गए
हार है तभी जीत का जश्न है
गले में पड़ा तो सम्मान
अर्थी पर चढ़ा तो श्रद्धांजलि
सड़क पर गिरा तो अपमान
न ये हार और न वो हार
हर हार कुछ कहता है
और
हर हार कुछ सिखाती है
ये हार ख़ुश होना
और
वो हार आगे बढ़ना
तो
ख़ुश रहिए और आगे बढ़िए।

□

पता नहीं क्यों

बिना किसी बात के लोग नाराज़ हो जाते हैं
कोई कारण नहीं और साथ छोड़ जाते हैं
भूल जातें हैं ज़िंदगी छोटी भी है और अनिश्चित भी
आपने मुझे ये क्यों कहा, मैं तो ऐसा नहीं सोचती
आपकी साड़ी कैसे इतनी सुंदर मेरी नहीं
और बरसों की दोस्ती ख़त्म
आप तो छप गई अख़बार में मैं नहीं
और दो दोस्त दुश्मन बन गए
माया तो आनी जानी है, सब नश्वर है
मैं भी और तू भी फिर क्यों तेरा मेरा
कुछ भी तो नहीं कोई नहीं और कहीं नहीं
सब जानते हैं पर मानते नहीं
पहचानते नहीं, समझते नहीं
ख़ुद को ख़ुदा से बड़ा समझते हैं
और है तिनका बराबर भी नहीं
अरे क्यों अभिमान करते हो
क्यों मान करते हो, आपका तो अपना आप भी नहीं
डोर उसके हाथ है पतंग की
कब काट देगा पता ही नहीं
छोड़ो सब शांत रहो, प्रेम करो
प्रभु को याद रखो, उस पर विश्वास रखो
वो जिधर ले जाए चले चलो
आज की यही सीख है।

□

सुबह

लो एक और सुबह हो गई
रात भी बीत गई और दिन भी बीत गया
ज़िंदगी से एक और दिन रीत गया
रात के बाद दिन और दिन के बाद रात
ये सिलसिला चलता रहा
सुबह जिनकी हुई वो जी गए
जिनकी नहीं हुई वो बीच से चले गए
सोचो कितने जिए और कितने जीने के लिए तरस गए
कितनों ने सुबह को समझा और पकड़ा
कितनों ने सुबह को पहचाना
पहचान कर कितने जिए
और कितनों ने इसे जी कर पहचाना
सिर्फ़ इंतजार ही किया या कर्म भी किए
दिन तो हुआ और होगा भी
यही तो समय चक्र है
रात तो ख़त्म होगी ही
ये भी तो अटल सत्य है
पर क्या हुई सुबह को आप पहचानेंगे
और जिएँगे या सिर्फ़ बिताते ही रह जाएगे
और अंत में सोचेंगे
अब पछताए होत क्या जब चिड़िया चुग गई खेत।

□

मैं और वो

मैं और मेरा मोबाइल अकसर बातें करते हैं
अगर वो न होता तो क्या होता
मेरे अकेलेपन मेरे दुःख-दर्द का साथी
मेरा प्यारा मोबाइल
जो मेरे साथ हमेशा रहता मेरा साथ न छोड़ता
हाथ में हाथ डाले हम दोनो बतियाते
वो मेरा साथ रात में भी नहीं छोड़ता
तकिए के नीचे मेरे साथ ही सोता
कभी मैं कहती काश दुनिया सच में इतनी हसीन होती
जितनी तेरे स्क्रीन पर दिखती है
काश मैं भी वही सब करती जो मैं तुझ पर पढ़ती
काश मैं भी कभी न थकती तेरी तरह
काश सभी अदल-बदल जाते
एक-दूसरे के हमदर्द हमसखा हमदर्द बन जाते
जो चाहते पा जाते गूगल पर सर्च किया और मिल गया
मैं अकसर सोचती है तू है तो सब है
तेरे बिना कुछ नहीं
तुझमें सिमटी मेरी ज़िंदगी
तू नहीं तो कुछ नहीं।

□

आज ही

मैं आज को जीना चाहती हूँ
मैं कल को भूलना चाहती हूँ
मैं कल के सपने देखना चाहती हूँ
क्या मैं कल आज और कल में फँसी रहूँ
और उलझी भी, लिपटी भी, जकड़ी भी
कल की जकड़न को तोड़
कल की उलझन को छोड़
मैं आज से लिपटना चाहती हूँ
मैं आज में जीना चाहती हूँ
मेरी ये चाहत मेरा ये सोचना
और मेरा ये सपना, सिर्फ़ मेरा
क्यों मुश्किल है क्यों मुमकिन नहीं
मैं जब चाहती हूँ मैं जब सोचती हूँ
मैं क्यों नहीं जी सकती आज में
जब मैं आज में, आज ही, आज से ही जीना चाहती हूँ।

□

एक अनूठा संबंध है बेटी

एक प्यारा सा संसार है बेटी
माँ का पूरा ध्यान और अभिमान है बेटी
माँ की शान और आन भी है बेटी
कुसुम, ख़ुशबू, रंगोली, रंगीली, चंचला, जया
लक्ष्मी, सरस्वती, पार्वती, दुर्गा, अंबा, संतोषी
रजनीगंधा, चंपा, चमेली, गुलाबों सी है बेटी
पिता की हँसी, भाई की सहेली माँ की मित्र भी है बेटी
राखी और राखी देवी और देवी
बहन, पत्नी, भाभी, चाची, मामी, दादी भी तो है बेटी
अनेकों रिश्तों का गुलदस्ता
सारी सुंदरता, सारी ख़ुशबुओं, सारे अहसासों का मायाजाल सी है बेटी
आप की अपनी, कभी परायी न हुई बेटी
आत्मा में, मन में, दिल में, दुनिया में, दिमाग़ में,
सारे जहाँ में, सारे जहाँ से, अलग है मेरी बेटी
मेरी बेटी सिर्फ़ मेरी बेटी।

□

माँ

सबसे छोटा शब्द माँ
सबसे प्यारा शब्द माँ
सबसे गहरा शब्द माँ
सबसे विशाल शब्द माँ
माँ हैं तो हम हैं, माँ के बिना हम आधे से भी कम हैं
माँ हैं तो छोटे बच्चे की सारी दुनिया है
माँ नहीं तो सबकी अधूरी दुनिया है
माँ ने छिपाई मेरी ग़लती, मेरी कमज़ोरी, मेरी नाकामी
माँ ने उजागर की मेरी पहचान, कभी दुनिया से, कभी मुझसे
माँ के आँचल में समा गई थी मैं
अब बेघर हो गई हूँ मैं
माँ चली गई दूर बहुत दूर सितारों के पास
मैं डूबी हूँ उसकी यादों में, जी रही हूँ उसकी यादों में
कभी रोती, कभी हँसती, कभी बिलखती और कभी सिसकती
माँ की महानता, माँ की ममता न कहीं मिली है, न कहीं मिलेगी
क्यों कि माँ तो माँ होती है
वंदन–नमन माँ!

□□□